Josef Müller

Großvadder schwimm

Aus den Erinnerungen eines Karlsruhers

CFM

Verlag C. F. Müller Karlsruhe
1979

CIP-Kurztitelaufnahme der Deutschen Bibliothek

Müller, Josef:
Grossvadder, schwimm!: Aus d. Erinnerungen e. Karlsruhers /
von Josef Müller. – Karlsruhe: Müller, 1979.
ISBN 3–7880–9626–8

ISBN 3–7880–9626–8

Gesamtherstellung:
C. F. Müller, Großdruckerei und Verlag GmbH, Karlsruhe

Inhaltsverzeichnis

Kaiserstraße mit Friedrichsbad um 1910

Vorwort

Die beiden Weltkriege sowie die wichtigen Ereignisse vor und zwischen ihnen haben ihre Geschichtsschreiber gefunden und finden sie noch. Daß es in dieser Zeit auch ein Alltagsleben gab und wie dieses beschaffen war, dafür gibt es nicht allzu viele Zeugnisse. Und gar vom Leben und Treiben in unserer Stadt Karlsruhe um die Zeit des Ersten Weltkriegs haben wir wenig Berichte. Da diejenigen, die damals jung waren und aus ihr erzählen können, immer älter werden, hat der Verlag nicht gezögert, einer Stimme Gehör zu geben, die dies noch kann.

Der Verfasser Josef Müller erscheint hierfür nicht ungeeignet. In der Oststadt geboren und aufgewachsen, hat er sein ganzes Leben, sechs Kriegsjahre ausgenommen, in seiner Vaterstadt zugebracht. Er darf daher als echter Karlsruher gelten und fühlt sich selber als „Brigant" und befugt, zur Stimme derjenigen zu werden, die nicht in die Geschichtsbücher kommen.

Er ist einer der wenigen, die noch beim alten „Fürsorgeamt" in der Amalienstraße dienten – in deren Amtsstuben es nicht so vornehm zuging, aber immer in Berührung mit dem Volk, dessen Nöte und Sorgen, aber auch dessen Lebensmut und Humor er teilte.

Josef Müller ist als Autor kein Neuling. Er begann seine literarische Laufbahn mit Veröffentlichungen in der Wochenschrift zum Karlsruher Tagblatt „Die Pyramide", deren Redakteur Karl Joho sein Mentor war. Er hat auch einmal einen Erzähler-Preis der „Badischen Presse" erhalten; dann war es aus. Als er nach dem Kriege wieder zur Feder griff, waren es Fachgebiete, denen er sich zuwandte, bis er mit den nachfolgenden Geschichten zu seinen Anfängen zurückkehrte.

Seine kurzen Erzählungen schlagen den Bogen von den Erlebnissen in der Kindheit, vom Schüler- und Berufsleben bis zu dem Gespräch unter Pensionären, das daran erinnert, daß es auch im Leben eines Karlsruhers „naus zu" geht. Unverkennbar ist das Bestreben des Verfassers, seiner Vaterstadt ein bescheidenes Denkmal zu setzen – ein Anliegen, das der Verlag gern unterstützte.

Den Versuch, etwas vom Leben im ersten Drittel unseres Jahrhunderts heraufzubeschwören, unterstützen die Bilder, die das Archiv der Stadt Karlsruhe freundlicherweise zur Verfügung gestellt hat, wofür Verlag und Verfasser danken.

Karlsruhe, im Dezember 1978 Der Verlag

Wie es eigentlich gewesen ist

Eine Spanne Zeit, ein Abschnitt, eine Epoche im Leben einer Stadt, eines Landes, eines Staates ist eine Welt für sich, die, einmal untergegangen, nicht mehr zurückgeholt werden kann. Wenn Ranke meinte, Aufgabe der Geschichtsschreibung sei es, festzustellen, „wie es eigentlich gewesen ist", so klingt dies einfach und anspruchslos, erweist sich aber bei näherem Zusehen als anmaßend und undurchführbar, weil jede Epoche ihre charakteristischen Merkmale nur dem erschließt, der in ihr lebt, der ihr angehört, und auch dann nur, wenn er in der Lage ist, sie zu erfassen.

Jede Zeit hat nicht nur ihr eigenes Gesicht, sondern auch Geräusche, ja sogar Gerüche, die nur ihr eigentümlich sind.

Mir klingt noch das melodische Geklapper in den Ohren, wenn die Reiter und die Pferdedroschken vor und noch in der Zeit des Ersten Weltkriegs über den weiten Platz des Durlacher Tores ritten und fuhren. Spielten wir als Kinder „Eisenbahn", ahmten wir zum Laufschritt im Gänsemarsch das Zischen der Dampflokomotiven nach, die nun auch schon verschwunden sind. Wer könnte je die Geruchsmischung aus Lakritze, Heringen, Gewürzen, Rosinen und anderen „Kolonialwaren" in den kleinen Läden heraufbeschwören, in denen wir Kinder „Sach holten" und auf deren obersten Regalen noch die spitzen Kegel der Zuckerhüte standen? Von etwas feineren Gerüchen berichtet Adolf von Grolman in seinen Erinnerungen: „Noch um 1920 duftete im Hochsommer die Stadt bei gelinder Luftbewegung nach dem Harz der Tannen, ein edler Vergänglichkeitsduft machte die Spätherbsttage charakteristisch: das alles gibt es nicht mehr, es duften nur noch Motoren und Maschinen."

Etwas stärker duftete es freilich auf der Durlacher Allee, wenn die Frauen und Mädchen mittags und abends die in dieser Straße gelegene Seifen- und Toilettenartikel-Fabrik verließen und in Scharen, meist fröhlich untergehakt, diesen Prospekt hinauf- und hinunterwanderten. „Wolff & Sohn – man riecht's von weitem schon!" reimten dann die sonst eher prosaischen Karlsruher.

Marktplatz mit Hotel Grosse vor dem 1. Weltkrieg

Stadt des Maßes

Karlsruhe liegt weder am Rhein noch am Schwarzwald, wie ein Werbespruch es einmal wahrhaben wollte. Vom Turmberg abgesehen, der ja erst später dazukam, ist unsere höchste Erhebung der Lauterberg (und der ist künstlich). Dann bleibt nur noch der Hirschbuckel.

Karlsruhe ist flach wie ein Nudelbrett. Es hat von Natur aus keine anderen Reize als den seidigen Himmel über sich, den Strom in der Ferne und das leicht zu erreichende Albtal. Auch die Pfalz, das Elsaß und das Neckartal sind nicht weit – aber das sind Federn, die sich unsere Stadt nicht an den Hut stecken kann. Dennoch hat Karlsruhe etwas, was es rühmens- und liebenswert macht: die städtebauliche Gestaltung, die es durch Friedrich Weinbrenner erfuhr.

Wenn auch nicht alles so geworden ist, wie es sich dieser große Baumeister dachte, und wenn auch vor und nach dem Kriege nicht alles so erhalten und wiederaufgebaut werden konnte, wie es einmal war, blieb doch genug übrig, unserer Innenstadt ein einheitliches Gepräge zu geben und sie sehenswert zu machen. Karlsruhe ist eine Stadt des Maßes und der Ordnung, was sicher nicht ohne Einfluß auf die Denkart und Verhaltensweise seiner Bewohner geblieben ist. Einem Manne, der an siebzig Jahre in dieser Stadt gelebt hat, will und darf es wenigstens so scheinen.

Wenn ich als Kind an der Hand meiner Mutter durch die Kaiserstraße ging, wunderte ich mich immer, daß man durch alle Seitenstraßen auf das Schloß und seinen Turm blicken konnte. Das städtebauliche Prinzip des Fächers, nach dem unsere Stadt angelegt wurde, ging mir erst später auf. Der Schloßturm als die immerwährende, von überall her sichtbare Mitte von allem, der fürstliche Bau und der schön aufgeteilte Platz davor, die nach allen Seiten sich öffnenden schnurgeraden Straßen und die sie begrenzenden großen Prospekte, die Kaiser- und die Kriegsstraße – ich halte es nicht für ausgeschlossen, daß die geometrische Ordnung dieser Stadtgestaltung, die sich in ihren Hauptgebäuden und Anlagen – dem Rathaus und der Evangelischen Stadtkirche mit der Pyramide dazwischen, dem Rondellplatz und der Stephanskirche – fortsetzt, auf mein junges Gemüt eingewirkt und mir früh die Augen geöffnet hat für Maße und Ordnungen, die auch der Mensch braucht.

Wie dem auch sei, es ist nicht schlecht und mag erlaubt sein, Vergleiche anzustellen zwischen der Anlage eines Menschen und seiner Stadt, die wie das aufgeschlagene Lehrbuch einer sinn- und gehaltvollen Gestaltung wirkt. Allezeit auf einen Mittelpunkt zuzugehen, ihn nie aus den Augen zu verlieren, Erlebtes und Gedachtes in eine überschaubare Form zu bringen, erscheint als die dankenswerte Mitgift einer Stadt, die sie dem zukommen läßt, der in ihren Mauern großgeworden ist. Hierzu scheint mir auch die Ablehnung jeglichen Fanatismus, die Verwerfung aller Einseitigkeiten und die Abneigung gegen Unduldsamkeiten aller Art zu gehören: zwar eine feste Meinung zu haben, sie aber nicht für die allein richtige zu halten, sie keinem aufzwängen zu wollen – wie die Straßen des Fächers offen zu sein für Neues, für sinnvolles Verändern und Weiterschreiten, ohne den schmerzlichen Bruch mit dem bewährten Alten zu vollziehen.

Die Anlage unserer Stadt zeigt aber auch, daß der Mensch Ecken und Nischen braucht, in denen er sich, wenn es ihn treibt, von dem ihn umfluteten Leben absondern, zur Besinnung kommen und seinem Zentrum näher sein kann, wie dies in den großen und kleinen Gärten unserer Stadt möglich ist. Zuweilen braucht der Mensch die Abgeschiedenheit, die stille Einkehr bei sich selbst, um dann gestärkt wieder in die Straßen einzubiegen zu neuen Begegnungen, zu neuem Wirken und zu neuen Anspannungen. Vom Zentrum in die Peripherie, von dieser zurück in die Mitte – das Ein- und Ausatmen ist es, was unsere Stadt und ihre Anlagen lehren. Ihr gebührt unser Dank.

Altbadener

Sicher nicht die schlimmste, aber eine der Folgen des Krieges ist es doch, daß es das Land Baden nicht mehr gibt. An seine Stelle trat der Südweststaat, das Land Baden-Württemberg, bei dessen Entstehung es nicht ganz redlich zugegangen sein soll. Freilich haben sich die Badener für ihren Staat nicht so ins Zeug gelegt, wie es im umgekehrten Fall die Schwaben getan hätten, wenn sie in der Minderheit gewesen und vor die Frage gestellt worden wären, ob sie mit Baden vereinigt werden wollen oder nicht.

Als es noch nicht soweit war und die Wogen noch hoch gingen, lief in Karlsruhe folgender Witz um: Die Tochter eines „Altbadeners" muß nach Stuttgart, was der Vater nicht gern sieht, aber nicht verhindern kann, weil es das Institut, an dem das badische Mägdelein studieren will, nur in der Hauptstadt des Gegners gibt. Aber das Töchterchen hat in Stuttgart offenbar nicht nur studiert. Eines Tages muß es seinen Eltern gestehen, daß es sich in guter Hoffnung befindet. Der Alte ist höchst empört, weniger über den Fakt an sich als darüber, daß der Vater des zu erwartenden Kindes wohl nur ein Schwabe sein kann. Der Witz endet, er habe sich erst wieder beruhigt, als er von der Tochter erfuhr, daß der Vater des unterwegs befindlichen Kindes – ein Neger sei.

Die Altbadener haben in der Zwischenzeit die Segel gestrichen, die Flagge mit den anheimelnden Farben Gelb-Rot-Gelb wurde eingezogen. Dank der schwäbischen Gründlichkeit, der man sich bei uns nur zu willfähig zeigt, ist sie gänzlich verschwunden – nicht einmal an Volksfesten mit traditionellem und geschichtlichem Hintergrund wird sie mehr gezeigt: die gnitzen Schwaben haben gesiegt.

Was blieb?

Man kann aber den Schwaben nicht nachsagen, daß sie die Badener allzu sehr unterdrücken – immerhin haben sie zugelassen, daß ein badischer Nichtschwabe Ministerpräsident geworden ist. Wer im alten Reich herumgekommen ist, weiß, daß man im Norden und im Osten zwar unsere Städte Baden-Baden, Freiburg, Heidelberg und unseren Schwarzwald kannte, weniger aber das Land Baden. Es muß auch zugegeben werden, daß es kein homogenes Gebilde war: die Alemannen im Süden unterschieden sich von den „Kurpfälzern" um Mannheim und Heidelberg, dahinter gab es ein badisches „Frankenland". Die „Pforzemer" gehörten schon halb zu den Schwaben, wenn auch die alte Residenz Karlsruhe für den Ausgleich sorgte und das Land „vom See bis an des Maines Strand" zusammenhielt.

Mag für einen Norddeutschen der Unterschied zwischen der schwäbischen und der badischen Mundart nicht groß sein, für uns ist er noch groß genug. Wir Badener sagen nicht so oft „ha no" und sind auch nicht so „domm", unsere sprachliche und sonstige Eigenart aufzugeben. Wir halten auch nicht so viel von schwäbischer Grobheit und sind auch nicht so unentwegt am „Spare und Häuslebaue" – aber reicht das aus, uns von den Schwaben und nicht nur von diesen, sondern auch von anderen Stämmen zu unterscheiden?

Mit anderen Worten: Was blieb vom Lande Baden? Von außen gesehen – nicht viel. Zwar gibt es noch die Badische Kommunale Landesbank, die Bausparkasse Badenia, die Landesversicherungsanstalt Baden, in jüngster Zeit sogar die Neuschöpfung einer „Badnerland-Halle" im ganz unbadisch zwangseingemeindeten Neureut, die „Badischen Neuesten Nachrichten", die an die verlorene Eigenständigkeit unseres Landes erinnern – mögen sie nicht auch noch verschwinden. Wir Älteren haben den Wunsch, daß vom badischen Wesen etwas bleibt, und scheuen auch nicht die Frage, worin es besteht.

Was uns eigen ist

Ein Hauptzug badischen Wesens ist wohl der, daß der Mensch den Menschen direkt anspricht ohne den Puffer einer Förmlichkeit, die uns fremd ist. Damit ist nicht gesagt, daß wir Karlsruher etwa kein Gefühl für Form und Maß hätten, das hat uns schon unsere Stadt anerzogen.

Unsere Art, miteinander umzugehen, erläutert am besten die Geschichte, die Wilhelm Hausenstein, der einige Jahre in Karlsruhe gelebt hat, in seinen Erinnerungen „Lux perpetua" erzählt. Als der Großherzog wieder einmal eine Anzahl namhafter Bürger seines Landes um sich versammeln wollte, betreuten zwei badische Adlige die Eingeladenen, die sich nach und nach einfanden und an langen Tafeln in zwei Sälen, die durch eine Tür miteinander verbunden waren, plaziert wurden. Als es soweit war, daß man dem Großherzog die Vollzähligkeit seiner Gäste melden konnte, rief der eine der Betreuer dem anderen durch die offene Tür zu: „Gottfried, hocke deine? Meine hocke!"

Der Fürst selber, der 1907 verstorbene Großherzog Friedrich I. von Baden, dessen Bild in meiner Jugend noch in vielen Karlsruher Bürgerstuben hing, war so wenig ein Freund von Förmlichkeiten wie seine Kammerherren. Als ihn einmal bei einer Audienz ein Student im Reserveoffizierston anschnarrte, fragte er ihn nach seinem Geburtsort, den dieser mit „Tauwabischofsheim" angab, worauf der Fürst weiter fragte: „Aus Bischeme sinn Se – in wellere preußische Provinz liegt denn des?"

So ungezwungen ging es am Karsruher Hof zu und ebenso ungezwungen unter den Bürgern dieser Stadt. Den „Herrn Inspektor“ gab es nur in Preußen. Uns war die Betitelung fremd, auch der anmaßende Ich-Stil in amtlichen Schreiben, der nach 1933 aufkam – als ob ein Mann allein, und sei er auch der Präsident, eine Behörde vorstelle! Nicht umsonst ist der Ersinner des „Kannitverstan“ und jenes Handwerksburschen, der in Amsterdam Gelegenheit hatte, „Betrachtungen über den Unbestand der irdischen Dinge“ anzustellen, ein Badener gewesen – mit dem Hang zu Spitzbubereien, zu Schelmenstreichen und zum Hänseln und schon deshalb allem gespreizten Wesen und jeder Wichtigtuerei abhold. Auch unsere Frauen und Mädchen haben den Blick für das Echte und lassen den „Fatzke“ abblitzen, wie ihnen der Angeber zuwider ist.

Der Badener darf auch ruhig ein bißchen schrullig und verschroben sein – ein Diftler wie der Freiherr Drais von Sauerbronn mit den echt Karlsruher Vornamen Karl Friedrich, der Erfinder der „Laufmaschine“, die zwar erst durch einige Accessoires zum „Fahrrad“ wurde, der aber den Anstoß dazu gegeben hatte und deshalb wie alle Neuerer verlacht und verspottet wurde. Ebenfalls nicht gern zu Fuß ging offenbar ein anderer Badener, der Karlsruher Ingenieur Carl Benz, der daher flugs das Auto erfand und seinem Landsmann davonfuhr. Den Ruhm, den ersten Kraftwagen gebaut zu haben, muß er allerdings mit dem Schwaben Gottlieb Daimler teilen. Die von den beiden Pionieren gegründeten Firmen wurden 1926 zur Daimler Benz AG vereinigt: der Mercedes-Stern ist somit halb badisch.

Ein Stück Selbstkritik

Sicher nicht ganz zu Unrecht nannte ein Berliner uns einmal „badische Schwätzer“ – aus dem Unverständnis des kaustischeren Norddeutschen für das breite Ausmalen und die ausufernde Sprache, die selten zu der klassischen Kürze kommt wie die Frage im Schwimmbad, die vor vielen Jahren sogar die „Frankfurter Zeitung“ erheiterte: „Latsche, badsch' aa?“

Daß wir ein bißchen umständlich und weitschweifig sein können, beweist weniger das oft zitierte, aber im Alltag selten gehörte „numme net huddle!“ als die Rüge, die nach Schöfflers „Kleiner Geographie des deutschen Witzes“ ein Karlsruher Professor seinem Schüler erteilte, der sich die falschen Bücher angeschafft hatte: „Sie hawwe net zu hawwe, was Sie hawwe, sondern Sie hawwe zu hawwe, was Sie zu hawwe hawwe!“

Früher legte man viel mehr Wert auf die Mundart. Wenn auch das heimatliche Idiom die vielen Nichtbadener, die nach dem Kriege bei uns seßhaft geworden sind, nicht abhalten soll, uns zu verstehen, so sollen doch die Dialekte und andere Eigenarten erhalten bleiben – sie sind der Ausdruck einer seelischen Vielgestalt, ohne die die Welt ärmer wäre.

Festhalle, vom Stadtgarten aus, um 1905

Das Ende der alten Zeit

Hineingeboren in das letzte Jahrzehnt, das der Monarchie vergönnt war, streifte uns Ältere, noch vor dem Ersten Weltkrieg Geborene, der Abschiedsglanz des Feudalstaates: Truppen, die in bunten Uniformen und mit klingendem Spiel durch die Kaiserstraße zogen, voran der Hauptmann hoch zu Roß. Für bunte Farbtupfer sorgten auch die Studenten vor der Hochschule. Die Angehörigen der einzelnen Verbindungen hielten sich meist zusammen, so daß es Gruppen mit roten, grünen, violetten und anderen Mützen gab, dazwischen die weißen Stürmer. Es war ein gewohntes Bild, das zum Karlsruhe der Vorkriegszeit gehörte und heute verschwunden ist. Schließlich trugen auch wir Schüler der Kant- und der Humboldt-Schule noch verschiedenfarbige Mützen und ergänzten so die Farbenpracht um die Hochschule.

Aber das war schon später, vorerst lebten wir noch unter dem „Landesvater" – d'r alt Großherzog war noch einer. Damals gab es Ecke Kaiser- und Herrenstraße ein Geschenkhaus, in dem Porzellane, Gläser, Lederwaren und anderes feilgeboten wurden und dessen Besitzer Friedrich Blos hieß. Da fragte man denn zum Scherz nach dem Unterschied zwischen dem Landesvater und dem Inhaber dieses Geschäfts. Die Antwort lautete: „Der Inhaber des Geschenkhauses heißt Friedrich Blos, der Großherzog aber bloß Friedrich!"

Zu jener Zeit wehte noch die Luft des Persönlichen durch die Straßen und Gassen der alten „Residenz". Der Fürst kannte seine verdienten Landeskinder, mit denen er nicht selten in Verbindung trat. Als der jedem Quartaner bekannte Erfinder des „Bunsenbrenners", der natürlich auch noch anderes geleistet hat, der Naturforscher Robert Bunsen, von seinem Lehrort Heidelberg aus um seine Pensionierung als Hochschullehrer einkam, hörte er lange nichts auf sein Gesuch. Als er nach Karlsruhe reiste, um sich nach dem Grund der Verzögerung zu erkundigen, zeigte ihm der zuständige Minister das Abschiedsgesuch, unter das der Großherzog eigenhändig geschrieben hatte: „Einen Bunsen entlasse ich nicht."

Vom alten Großherzog wird auch berichtet, er habe einem beliebten Mitglied seines Hoftheaters von Zeit zu Zeit die Schulden bezahlt mit der Begründung, wer auf der Bühne Helden und Könige darstelle, könne nicht wie ein Bettler leben.

Mit dem Ersten Weltkrieg wurde auch die „stille" Zeit zu Grabe getragen. Wer alte Stiche und Bilder von Städten betrachtet, dem fällt auf, wie wenig Menschen auf den Straßen und Plätzen zu sehen sind, wenn es sich nicht gerade um Paraden, Aufmärsche, Hinrichtungen und andere Spektakel handelt. Der einzelne trat mehr in Erscheinung als heute.

Dem Alten Fritz wurde allabendlich eine Liste der Leute vorgelegt, die am Tage in Berlin angekommen waren. Da konnte es passieren, daß er zu seiner Umgebung sagte: „Meine Herren, der alte Bach ist gekommen!" und nach seiner Flöte griff. Das Weimar Goethes war der Einwohnerzahl nach ein besseres Dorf, in dem sich, was Rang und Namen hatte, kannte und miteinander in Verbindung stand. Etwas von dieser Stille war in meiner Jugend auch noch in Karlsruhe zu spüren, bis die Autos kamen und ihr ein Ende bereiteten. Man kann sich heute kaum mehr vorstellen, wie die Straßen der Großstädte ohne Lichtreklamen aussahen: vornehm, privat und unaufdringlich.

Altkarlsruher Sparsamkeit

Sparsamkeit ist sicher nicht an eine bestimmte Örtlichkeit gebunden, sondern kann überall geübt werden. Da ich sie in meiner Heimatstadt erfuhr, mag sie immerhin so heißen. Vielleicht erhielt sie ihre besondere Note auch dadurch, daß viele Einwohner unserer Stadt in meiner Jugend noch vom Lande stammten, auf dem Dorf hat man immer mit dem Pfennig gerechnet. Uns Kindern jedenfalls wurde sie mit der Muttermilch eingeflößt.

Eines Sonntags saßen meine Eltern in dem gerade eröffneten „Gottesauer Hof" in der Durlacher Allee (der bald darauf wieder einging und heute verschiedenen Behörden dient). Es war um die Zeit, in der Familien nach dem üblichen Sonntagnachmittag-Spaziergang Einkehr in einem Gasthaus hielten, ein Glas Bier oder auch ein Viertel Wein tranken. An einem Nachbartisch saß die Familie Z., deren zwei Buben es nicht immer an ihren Plätzen litt. Als sie wieder einmal am Tisch meiner Eltern vorbeistrichen, hörte meine Mutter, wie der Ältere dem Jüngeren zurief: „Heute abend bekommt jeder eine ganze Servela!"

Nun war Konstantin Z., der Vater der Buben, nicht irgendwer, sondern Amtmann bei der Stadt, damals also ein großer Mann. Wenn es selbst im Haushalt eines Amtmanns so zuging, daß wochentags zwei Buben zusammen nur eine Servela bekamen – was man daraus schließen muß, daß es am Sonntag zwei gab –, so war das exemplarisch für die Sparsamkeit von damals.

Übrigens

Im Hause Essenweinstraße 53 waren wir befreundet mit der Familie Murmann, die zwei Buben in meinem Alter hatte. Nach der Bescherung am Heiligen Abend besuchten wir einander und wiesen unsere Geschenke vor. Einmal kamen wir zu früh, bei Murmanns war sie noch im Gange. Eugen, der jüngste Bub – er ist im Kriege in einem Lazarett gestorben –, hatte ein Blechrevölverchen mit einer Packung Pulverblättchen bekommen, ein Spielzeug, das schon damals nicht viel kostete. Selbstverständlich waren die Geschenke umrahmt von hausgemachtem Weihnachtsgebäck, von Butterbackenem, Springerlen, Zimtsternen, Kokosflokken – das individuelle Geschenk für Eugen aber war sein etwas über fingerlanger Blechrevolver. Mochte seine Mutter die Empfindung haben, daß dieses Geschenk doch etwas dürftig sei, oder wollte sie sich auch nur Gewißheit darüber verschaffen, wie ihr Jüngster es aufgenommen habe – jedenfalls fragte sie ihn, ob ihm sein Weihnachtsgeschenk „reiche". Aus einem strahlenden Bubengesicht kam die spontane, keineswegs geheuchelte Antwort: „Übrigens!"

Alltag vor dem Kriege

Auch im Alltag ging es bescheiden und fleißig zu. Die Straßenbähnler der Oststadt, die, wenn sie an Sonn- und Feiertagen oder in den späten Abend- und frühen Morgenstunden Dienst taten, tagsüber oft ganz oder mehrere Stunden frei hatten, gingen zu zweit oder dritt „Stumpen machen", d. h. sie gruben die ihnen vom Forstamt für ein geringes Entgelt zugewiesenen Baumstümpfe aus, eine keineswegs leichte und auch nicht immer ganz ungefährliche Arbeit, zu der die Männer wie die Athleten Ledermanschetten um die Handgelenke trugen. Es kostete viel Schweiß, die starken, ins Erdreich verzweigten Wurzeln herauszubuddeln, freizulegen, abzusägen, bis der mächtige Rumpf übrig blieb, in dessen glatte Fläche man mehrere Eisenkeile hintereinander setzte, die dann mit schweren Hammerschlägen ins Holz getrieben wurden. Die so gewonnenen Teilstükke wurden wiederum gespalten und zersägt, um dann auf den in jedem Haushalt vorhandenen Handkarren heimgeschafft zu werden. Ein solcher Stumpen erforderte oft die Mühe mehrerer Tage. Dafür gab das harte Eichenholz einen guten und, was die Hauptsache war, billigen Brennstoff ab. Ich höre die Scheite heute noch im Ofen krachen und knistern. Wir Buben sammelten indessen Reisig als Anfeuerholz, das man zwar auch in runden, von einem Draht zusammengehaltenen Bündeln kaufen konnte, doch das Kleinholz und die von den Frauen und Kindern gesammelten „Hobbele" waren billiger.

Denn auch unsere Mütter und wir Kinder waren nicht müßig. Was da den Sommer über und im Herbst alles eingemacht und eingeweckt wurde, bildete einen beträchtlichen Teil dessen, was wir den Winter über verzehrten. Da wurde mit den am Küchentisch angeschraubten Maschinchen und Vorrichtungen die Bohnen von den Fäden befreit, geschnitzelt und mit dem Stiel eines Kochlöffels in Flaschen gestopft; sie wieder herauszustochern, war auch keine kleine Arbeit. Das meist selbst gehobelte Weißkraut wurde in große Steinguttöpfe eingelegt, mit einem Linnen zugedeckt;

darüber kam ein Brettchen, auf das ein Feldstein gelegt wurde. Es kam auch noch vor, daß das Kraut von bloßen, zuvor gewaschenen Bubenfüßen eingestampft wurde, man war nicht heikel. Das Sauerkraut mußte einmal in der Woche aufgedeckt, die herausgegorene Brühe abgenommen, das Linnen erneuert und das Brettchen gewaschen werden.

Alljährlich wurden einige Dutzend Gläser mit den eingelegten Früchten eingeweckt, Obst und Beeren zu Mus oder Gelee verarbeitet, in Töpfe gefüllt und in den Keller gestellt, nicht ohne daß ich zuvor Gläser und Töpfe beschriftet, d. h. den Inhalt angegeben und die Jahreszahl vermerkt hätte. Zum Morgenkaffee – Kathreiners Malzkaffee hieß das Getränk, Bohnenkaffee gab es nur an den Festtagen – aßen wir dann Pflaumenmusbrote, sonntags Apfel-, seltener das köstliche Quittengelee, an Margarine oder gar Butter wurde gespart.

Ein Fest war im Herbst das Mosten. Die Männer ließen sich von zuhause, von ihrem Dorf Äpfel und Birnen kommen, kauften es auch billig, wenn sie nicht vom Lande waren, fuhren das Obst in die Kelter, die es damals noch in den dichtbesiedelten Stadtteilen, etwa in der Südstadt, gab, und legten selbst Hand an, sich ihren Haustrunk zu bereiten. Ein frisch aus dem Keller geholter Krug Most mundete sommers wie winters ausgezeichnet. Je nach der Herkunft und der Mischung des dazu verwendeten Obstes schmeckte der Most in jedem Haushalt anders – uns Kindern am besten als „Süßer" gleich nach dem Keltern.

Auch die Nudeln wurden damals noch selbst hergestellt, der ausgewälzte Teig wurde zum Trocknen über die Oberbetten gebreitet. Zu den kindlichen Festessen gehörten die Dampfnudeln mit dem ebenfalls selbst getrockneten Dörrobst. Auch Heringe wurden eingelegt und mariniert – ich sehne mich noch nach den Genüssen dieser hausbackenen Zeit, die im Zweiten Weltkrieg für immer untergegangen ist. Es war sicher manche Plackerei für die Hausfrau dabei, die sich heute nicht mehr lohnt. Aber noch nach Jahrzehnten kann ich mir ein Weihnachtsfest nicht denken, wenn nicht in den Wochen zuvor ein paar Mal bis in die späten Abendstunden Teig gerollt wird, unter Beteiligung der ganzen Familie mit den Blech- oder Holzmodeln Sterne, Vögelchen und Bäumchen aus der schmackhaften und zum Naschen verlockenden Masse herausgeschnitten werden und wenn nicht der Backduft das vorweihnachtliche Haus durchzieht.

Die Frauen hatten damals im Haushalt noch mehr von Hand zu tun als heute; Staubsauger, Wasch-, Bügel- oder gar Geschirrspülmaschinen gab es noch nicht. Ihre Wäsche wuschen sie schwitzend am Zuber stehend, schrubbten sie auf dem gewellten Waschbrett; manches Haus hatte eine eigene Waschküche, in der es gehörig dampfte. Die schweren Bügeleisen wurden mit Holzkohlenfeuer auf die notwendige Temperatur gebracht. Gekocht wurde im Sommer auf dem meist dreiflammigen Gasherd, im Winter auf dem Kohlenherd. Aus ihm mußte morgens die erkaltete Asche herausgenommen werden. Dann wurden Zeitungspapier und Anfeuerholz hineingestopft und das Feuer mit den leicht brennenden Briketts in Gang gebracht und gehalten. Das Brennmaterial wanderte auch nicht allein vom Keller in die Wohnung, der Haushalt erforderte damals mehr Mühe als heute. Wir Kinder hatten in ihm unsere genau abgegrenzten Funktionen, wir konnten nicht immer „auf die Straße“ zum Spielen.

Auch die Männer hatten in ihrer damals noch geringer bemessenen Freizeit genug zu tun. Sie versorgten meistens einen Garten, in dem sie Kartoffeln, Salat, Gemüse, Gurken und Kürbisse pflanzten, aber auch Blumen zogen; Erdbeeren, Johannisbeeren und Spalierobst kamen dazu. Ich sehe noch heute unseren Nachbarn John mit Behagen in eine frisch gepflückte Tomate beißen, was damals noch nicht so selbstverständlich war, denn daß man Tomaten auch roh essen kann, war erst zu Beginn des Jahrhunderts aufgekommen. In den Sommermonaten standen auf den Balkonen und in den Fenstern große bauchige Flaschen mit bräunlich, gelb- oder grünlich schimmernden Flüssigkeiten: es war Nuß-, Waldmeister-, mit Blutwurzel oder mit anderen Zutaten angesetzter Schnaps, der in der Sonne zum bewährten Hausmittel reifte, das gelegentlich auch uns Kindern gereicht wurde, wenn wir „Bauchweh“ hatten.

Der Sonderpreis

Die Frauen backten damals ihre Kuchen noch selbst. Meist behielten sie in der Stadt die ländliche Sitte bei, zum Sonntag einen Kuchen auf den Tisch zu stellen – einen Obstkuchen, einen Kranz oder einen Gugelhupf, in dessen Form, Aussehen und Geschmack für mich heute noch das Anheimelnde meiner Kinderwelt versammelt ist.

Für den Apfel- oder Zweschgenkuchen hatte meine Mutter ein großes, viereckiges Backlech, für das ihr Herd zu klein war. Sie trug es deshalb mit dem fertigen Kuchen zu unserem Bäcker Adam K. in der Essenweinstraße. Wenn sie es am Samstag abholte und nach dem Preis fragte, erhielt sie jedesmal die gleiche Antwort: „Für Sie 20 Pfennig." Meine Mutter bildete sich ein, bei ihm einen Stein im Brett und einen Sonderpreis zu haben, bis sie einmal ihre Freundin, die sich das Blech jede Woche auslieh, fragte, was sie denn für das Backen bezahle. Sie war dann doch erstaunt und enttäuscht, als diese zur Antwort gab: „15 Pfennig."

Straße der Kindheit

Heute, wo man „Fußgängerzonen“ einrichtet, damit die Straße für den Menschen wieder begehbar wird, wo man „Spielplätze“ baut, auf denen die Kinder sich tummeln können, sei daran erinnert, daß die Straße einst ihr Bereich war. Nicht gerade die Kaiser- oder die Karlstraße, durch welche die „Elektrische“ fuhr, aber die Straßen in den vom Zentrum entfernten Stadtteilen, in den Vororten und auch in unserer Oststadt, die hinter dem Durlacher Tor begann und an der Tullastraße endete. Damals waren die Straßen weder über noch unter der Erde mit Autos vollgepackt, und wenn eines sich gar in die Humboldt- oder Gerwigstraße verirrte, liefen wir ihm nach und holten es manchmal auch ein. Auf jeden Fall war der Aufenthalt auf der Straße sowohl auf dem Gehweg, dem „Trottoir“, als auch auf der Fahrbahn noch keine Gefahr für Kinder: die Straße gehörte uns.

Und was spielte sich nicht alles auf ihr ab! Da schob der Lumpensammler seinen Karren vor sich her, wenn nicht ein alter müder Gaul ihn zog, und schon von weitem hörte man das langgezogene: Lumpe, Alteise, Papiier – Haasefell! Als wieder einmal ein solcher ambulanter Gewerbetreibender seinen mit allerhand Abfällen gefüllten Wagen über den Marktplatz schob und der Ausrufer gerade bei dem Sammelgegenstand „Lumpe“ angelangt war, soll sich im ersten Stock des Rathauses ein Fenster geöffnet und eine weibliche Stimme, offenbar die einer Putzfrau, gerufen haben: „Komm nor rei', do hat's Lumpe g'nug!“ Das ist natürlich eine ganz und gar unkontrollierbare Anekdote, auf deren Wahrheitsgehalt nicht bestanden werden soll, denn hinter der klassischen Fassade unseres Rathauses arbeiteten auch damals nur Herren mit wohlerworbenen Rechten zum Wohle der Stadt.

An heißen Tagen war der Eismann sehr beliebt, der einen gelben Karren durch die Straßen zog und für einen Fünfer oder Zehner ein zum größten Teil aus Gefrorenem mit Zitronengeschmack bestehendes Eis verkaufte – so gut hat mir später keines mehr gemundet. Die paar Pfennige, die es kostete, waren heiß erbettelt, wenn sie nicht aus trüberen Quellen stammten. Gab es kein Eis oder war das Geld dafür nicht aufzutreiben, genügte es auch, mit bloßen Füßen – denn wer von uns Oststadtbuben trug im Sommer schon Schuhe – hinter dem städtischen Spreng- und Kehrwagen herzulaufen, aus dessen sich drehenden Düsen das erfrischende Naß nicht immer reichlich floß und sich mit dem von der Kehrmaschine aufgewirbelten Staub zu dikken bernsteinfarbigen Tropfen vereinigte. Oder wir schlugen ein Stück von dem Eisblock los, der im Schatten eines Hauseingangs abgeladen war und an seinen Rändern sachte vor sich hinschmolz, ehe die Hausfrau ihn heraufholte, zerkleinerte und ihren hölzernen Kühlschrank damit füllte.

Die Straße als Spielplatz

Damals spielten wir noch auf der Straße – herrliche Spiele, die es heute nicht mehr gibt. Das Frühjahr begann damit, daß Mädchen und Buben ihre Reifen holten und mit einem Stecken durch die Straßen trieben. Es war lange vor dem Zweiten Weltkrieg, als ich zum letzten Mal sah, wie man einen Tanzknopf über das Pflaster kreisen ließ. Die Mädchen warfen ihren Ball an die Hauswand und fingen ihn wieder auf, sie ließen dabei ihre mit weißen oder bunten Bändern durchflochtenen Zöpfe fliegen. Wir Buben spielten mit den Murmeln, die wir Karlsruher „Merwele" nannten – es war das reinste Glückspiel, manche schleppten ganze Säckchen voll nach Hause, keineswegs immer redlich erworben, denn beim „Spannen" konnte man immer etwas nachhelfen. Unter den Murmeln gab es wahre Prachtstücke in allen Größen und aus buntschillerndem Glas, aber auch solche aus Stahl, die mit einem fröhlichen „klick" aufeinanderstießen und oft straßenweit getrieben wurden, immer den Rinnstein entlang – manchmal verschwanden sie auch im Gully.

Zum festen Personenbestand der Straße gehörten der Milchmann und der Briefträger. Sie hatten ihre Stunde, zu der sie von uns erwartet und empfangen wurden. Wenn sie es erlaubten, halfen wir ihnen, vor allem dem Briefträger, dem jeder die Post für sein Haus abnahm, um sie sogleich zuzustellen; im Kriege rissen wir uns um die von den Frauen sehnlichst erwarteten Feldpostbriefe.

Zum weniger regelmäßig erscheinenden Personal der Straße gehörten der Schornsteinfeger und die Männer, welche die Kohlen brachten, schwarze, verrußte Gesellen, die wir um ihre Arbeit nicht beneideten, wobei der Schornsteinfeger den Vorzug hatte, als Glücksbringer zu gelten ebenso wie das Hufeisen, das wir ab und zu noch fanden, denn es gab zu dieser Zeit noch Pferdefuhrwerke, gelegentlich auch Reiter. Auch das, was die Pferde fallen ließen, beschäftigte uns: wir ließen es nicht verkommen, sondern eilten mit Eimer und Schaufel herbei und sicherten es für den Hausgarten.

Auf der Straße war immer ein Kommen und Gehen. Wir kannten die Bewohner aller Häuser in der Umgegend und diese uns, was nicht immer von Vorteil war: unsere Missetaten blieben nie lange verborgen. Dafür gab es zu viele, die aus dem Fenster schauten oder hinter den Vorhängen und Gardinen Nachbarn und Passanten im Auge hielten und so nebenbei auch uns Kinder mitnahmen. Denn es gab Wettläufe und Kämpfe auf der Straße, die nicht immer ohne Wunden verliefen, wenn ein hinterhältig geworfener Stein uns getroffen hatte oder wenn wir gestürzt, in eine Glasscherbe getreten waren oder uns sonstwie verletzt hatten. Der Spieltag war vorüber, wenn bei Anbruch der Dämmerung der Laternenanzünder auf seinem Rad angefahren kam und mit seiner Stange, an deren Spitze ein Licht brannte, die Gaslaternen entzündete.

Mit der Zeit verlor die Straße ihren Selbstzweck für uns – nicht nur, weil wir älter wurden und sie nur noch benutzten, um irgendwohin zu gelangen; nicht nur, weil das Auto seine Herrschaft antrat und uns aus ihr vertrieb. Die Straße der Kindheit war eine Einbahnstraße gewesen. Als wir an ihrem Ende angelangt waren, mußten wir sie verlassen, um nie wieder in sie zurückzukehren.

Modisches von anno dazumal

Vor dem ersten Weltkrieg war die alles verhüllende Kleidung der Frauen mit ihren Straßenfegern von Röcken für Männer wenig attraktiv, wenn sie auch mit ihren engen Taillen, den feschen Kostümen und den federn- und blumengeschmückten Hüten ein reizendes Bild bot. Besonders elegant wirkten die am Hut befestigten, halb oder ganz herabgezogenen Schleier, hinter denen die Gesichter der Frauen gemeimnisvoll unscharf wurden. Zur Winterszeit wärmten die Damen ihre Händchen in einem Muff, den zuweilen auch Männer nicht verschmähten. Die Hüte waren groß, oft die reinsten Wagenräder, so daß sie mit langen Nadeln am Haar befestigt werden mußten, deren scharfe Spitze durch eine aufzuschraubende Kappe unschädlich gemacht wurde. „Damen mit ungeschützten Hutnadeln ist das Mitfahren verboten!“ In den „Elektrischen“ hingen Schilder mit Hinweisen dieser Art noch lange, auch als die Damenhüte längst nicht mehr diesen Umfang hatten. Um die Zeit des Ersten Weltkriegs gab es auch einen Jugendstil der Damenmode, eine der letzten Stilarten – die allerletzte war vielleicht die Mode der nach dem Kriege aufkommenden „Bubiköpfe“ mit ihren Ponyfrisuren, mit ihren Topfhüten und den Hängekleidern der Inflationszeit.

Auch die Männerkleidung unterlag strenger Konvention: ohne gestärktes Hemd (nicht selten mit auswechselbarem Brustlatz), steife Manschetten (auch abnehmbare, die manchmal zu Notizen dienten), gestärkten Kragen und Krawatte konnte sich kein Mann blicken lassen – auch in der größten Sommerhitze mußte er ein Jackett tragen und war es auch nur eine Lüsterjacke. Zur Ausrüstung des Mannes gehörte nicht nur der Hut (im Sommer der „Kreissäge“ genannte Strohhut), sondern auch der Stock – letzter Nachfahr des Schwertes und des Degens, auf den er sich nicht nur stützen, sondern mit dem er sich im Notfall auch verteidigen konnte. Es gab ihn aus verschiedenem Material und in den verschiedensten Ausführungen, mit und ohne

Krücke, vom biegsamen Stöckchen bis zum harten Bambusrohr. Zum Anzug gehörte die Weste, über die sich die dicke, goldene Uhrkette spannte, wenn man sich nicht als „alter Herr“ mit einem Bierzipfel in den Farben seiner Verbindung begnügte; Armbanduhren kamen erst nach dem Kriege, in den Zwanziger Jahren, auf. Halbschuhe gab es damals weder für Frauen noch für Männer, man trug Stiefel, die aus schwarzem Leder zu sein hatten. Daß die Männer ihre Schnurrbartenden – ein glattrasierter Mann war damals selten – nach dem Vorbild ihres Kaisers („Es ist erreicht!“ hieß das) nach oben zwirbelten, führte dazu, daß sie am frühen Morgen mit der Schnurrbartbinde in der Wohnung herumliefen – was ebenso zum Familienbild gehörte wie die klappernde Brennschere der Frau, mit der sie sich ihre Locken und Löckchen drehte und die sie an einem Stück Zeitung probierte: war sie zu heiß, wurde sie durch Schwenken in der Luft abgekühlt. Natürlich war der Bubikopf bequemer, aber das gelöste oder zu Knoten geschlungene Haar der Frauen und die langen Zöpfe der Mädchen hatten auch ihren Reiz. Zur Generation der Männer, die noch im vorigen Jahrhundert geboren waren, gehörte die Zigarre – mit ihrem starken Aroma gemütlicher als die einer nervöseren Zeit zugehörende Zigarette, deren erste wir Sechzehnjährigen auf der Durlacher Allee rauchten und uns dabei erwachsen vorkamen.

Die nicht immer so gute alte Zeit

So mancher trauert der guten alten Zeit nach und läßt sie sich von der Erinnerung vergolden, die das gern tut, denn dank einem wohltätigen Mechanismus überzieht sie selbst die bittersten Erlebnisse mit einer versöhnlichen Patina. Wenn der noch ungetrübte Himmel der Zeit vor dem Ersten Weltkrieg ins Gedächtnis derer heraufzieht, die sie noch erlebt haben, so vergessen sie leicht, daß die alte Zeit nicht für alle so gut war, wie sie uns in der Erinnerung erscheint. Die Annehmlichkeiten, die sie bot, fielen nicht allen zu – vor allem jenen nicht, die sie schaffen mußten.

Bis in den Ersten Weltkrieg hinein waren die Geschäfte, in denen man die Bedürfnisse des täglichen Lebens befriedigen konnte, nicht nur den ganzen Samstag, sondern auch am Sonntag bis 12 oder 1 Uhr geöffnet. Als man zu Beginn des Jahrhunderts ein „Gesetz über den allgemeinen Ladenschluß an Sonntagen" forderte – z. B. auf der Konferenz, welche die „Deutschen Sonntagsfreunde" am 24. und 25. Juni 1902 in unserer Stadt veranstalteten –, hielt dies der dabei noch als liberal geltende Oberbürgermeister Schnetzler für eine „rechtlich, sittlich und wirtschaftlich gleichermaßen zu verwerfende Freiheitsberaubung" – natürlich der Unternehmer, denn wer dachte schon an die Arbeiter und Angestellten und ihren Freiheitsanspruch?

Die Zeitung lag auch sonntags vor der Wohnungstür, die Post wurde auch an diesem Tag zugestellt, an Werktagen sogar zweimal. Der Milchmann schob seinen Wagen jeden Morgen vor jedes Haus. Auch die Brötchen wurden ins Haus geliefert, zu ihrer Aufnahme hing vor der Wohnungstür ein weißes, schön besticktes Leinensäckchen. Auch sonst kamen diejenigen, die etwas verkaufen wollten, viel mehr ins Haus als heute, was gelegentlich auch zur Plage werden konnte, wenn die Wäschehändler, die Kurzwarenverkäufer, die Gemüsefrauen gar zu häufig die Klinke putzten. Das, was wir heute „service" nennen, war in meiner Jugend viel größer. Es ging aber auf Kosten des Personals, das keinen freien Samstagnachmittag kannte, der kam erst nach dem Kriege auf, nicht einmal immer den freien Sonntag. Köchinnen, Dienstmädchen und andere, die im Haus oder im Geschäft halfen, hatten einen freien Nachmittag, wenn es hoch kam, einen freien Tag in der Woche – in der übrigen Zeit mußten sie ihren „Herrschaften" zur Verfügung stehen, oft bis in die späten Abendstunden, z. B. wenn diese Gäste hatten. Gewiß kam es vielen von ihnen gar nicht zum Bewußtsein, daß man zuviel von ihnen verlangte – das änderte aber nichts an der Tatsache, daß dies der Fall war.

Schulgeldbefreiung

Studieren konnten in meiner Jugend nur die Kinder, deren Eltern die Kosten dafür aufbringen konnten. Stipendien gab es zwar auch damals schon, aber sie waren nicht ausreichend und scheiterten oft daran, daß die Kinder der unteren Stände gar nicht oder nur mit geringen Ausnahmen in die Mittelschule kamen. Arbeiter-Eltern hatten selten den Mut, ihre Kinder in die „Vorschule" zu schicken, die auf den Besuch einer höheren Schule vorbereiten sollte. Zwar gab es an den Oberrealschulen, den Reform- und den Vollgymnasien Schulgeldbefreiungen, deren Handhabung aber für diejenigen, die sie in Anspruch nehmen mußten, recht beschämend war: man mußte sich das Antragsformular vor den anderen Schülern beim Klassenlehrer holen, und die Genehmigungen mit den – meist nur teilweisen – Befreiungen wurden wiederum vor der Klasse verkündigt, damit nur ja alle erfuhren, wer die Schule auf dem Armenweg besuchte.

Selbst Lehrer, die nicht gerade aus den „besten Kreisen" stammen, hatten wenig oder gar kein Gefühl für Takt und Vornehmheit im Umgang mit dem, was wir heute das Soziale nennen. Zu Beginn des Schuljahres mußte jeder vortreten und den Beruf des Vaters, die Wohnung usw. angeben. Als einer meiner Mitschüler in der Kantschule als Beruf seines Vaters allzu unbekümmert „Taglöhner" hinausschmetterte, fragte der Professor indigniert, ob es dafür nicht eine etwas dezentere Bezeichnung gebe. Als ich bei einer solchen Gelegenheit meine Wohnung mit „Essenweinstraße 53" angab, meinte der sonst beliebte Lehrer Professor W., das sei nicht gerade die vornehmste Straße in Karlsruhe. Heute würde ich ihm erwidern, Ilvesheim – in welchem Neckardorf, von dem er uns oft und gern erzählte, er als Sohn eines Wagnermeisters zur Welt kam – sei auch nicht gerade Paris.

Kaiserstraße mit Eingang zur Kaiserpassage um 1910

Dem Mathematik-Lehrer Professor Wiedemann ging der Ruf voraus, ein cholerischer Herr zu sein.

Daß dieser Ruf nicht trog, sollten wir bald erfahren. Er war bisher nicht unser Lehrer gewesen, jetzt aber hatte er unseren guten Professor Dörr, genannt Uralt, zu vertreten. Kaum hatte er das Klassenzimmer sozusagen im Sturm genommen und einen Blick in das Schülerverzeichnis geworfen, als er auch schon rief: „Deecke, an die Tafel!"

In der letzten Bankreihe hob, schob und wand sich ein schlaksiger Oberprimaner aus einem der Schülerpulte, denen wir längst entwachsen waren.

Aufgerufen, an die Tafel zu kommen, beeilten wir uns keinesweg, Deecke machte da keine Ausnahme. In dem Bewußtsein, dort nicht viel aufweisen zu können, benutzten wir den kurzen Gang durch die Bankreihen als Galgenfrist – sei es, um das, was dran war, schnell zu rekapitulieren, oder sei es auch nur, um das unvermeidliche Versagen hinauszuzögern.

Der Vortrag an der Tafel war unbeliebt. In der Bankreihe war es halb so schlimm. Man fühlte sich in der Herde nicht so verlassen: der Aufgerufene konnte den Blick in ein vom Nachbarn unauffällig bereit gehaltenes Buch, auf ein rasch hingekritzeltes Stichwort werfen. Wer gute Ohren hatte, konnte sich auf das Einsagen verlassen. An der Tafel war das anders. Hatte der Schüler den Gang durchschritten und die drei Stufen zu der nie ganz sauber gewischten Tafel erklommen, stand er allein da. Es blieb dann nur noch der Zweikampf mit dem Lehrer, in dem die Waffen ungleich verteilt waren.

Deecke handelte danach, Zeitgewinn ist ein alter Schülertrick. Etwas pomadig, wie er war oder sich gab, bewegte er sich womöglich noch langsamer, als es Schüler in seiner Situation tun.

Wir anderen waren nach der Erlösung, daß unser Name nicht aufgerufen war, in den Dämmerzustand zurückgesunken, in dem sich Schüler gewöhnlich befinden – aus dem sie allerdings jederzeit hochfahren können, wenn es nötig ist, sei es, weil der Aufgerufene versagte und man selbst dran kommen konnte, sei es, um einem bedrängten Kameraden zu helfen, in den Mitteln waren wir nicht wählerisch. Aus diesem Halbschlaf wurden wir jäh herausgerissen durch die schrille Stimme des temperamentvollen Professors, der unserem sich allzu gemächlich vorwärts bewegenden Mitschüler die Frage entgegenschleuderte:

„Deecke, wie alt sind Sie?“

„18, Herr Professor.“

Darauf der aufgebrachte Pädagoge:

„Was, 18? D'r Einser vorne un' d'r Achter hinne? M'r kennt' meine, 's sei umgekehrt.“

Wie ich London hörte

Mein Banknachbar August H. war ein großer Bastler. Das Radio war zwar schon erfunden, aber noch nicht in Gebrauch gekommen, als er mich in der Mitte der Zwanziger Jahre einmal einlud, bei ihm „Radio zu hören".

Nach dem Mittagessen ging ich den kurzen Weg von der unteren Lachner- zur Sommerstraße, in der mein Freund wohnte und unter dem Dach des Hauses ein Zimmer hatte. Dort war auf der einen Hälfte eines Küchentisches ein Radio zusammengebastelt – ein für mich unentwirrbares Durcheinander von Drähten, Spulen, Röhren und anderem Zubehör, das man offenbar brauchte, um einen so unerhörten Vorgang zustandezubringen, dem ich denn auch mit einiger Aufregung entgegenharrte.

Alsbald nach meiner Ankunft setzte mir mein Freund einen „Kopfhörer" auf, dessen beide durch ein Stahlband miteinander verbundene Muscheln er fest auf meine Ohren drückte. Dann hantierte er mit seinen Spulen und Röhren, drehte an einigen Knöpfen, als es plötzlich in meinen Ohren „krrrck" machte, worauf mir mein Mitschüler H. befriedigt erklärte: „Jetzt hast du London gehört!" und mir den Kopfhörer wieder abnahm. Auch ich war beeindruckt, denn mittels einer auf einem simplen Küchentisch angebrachten Apparatur mit London verbunden gewesen zu sein, war trotz der Dürftigkeit des Ergebnisses ein Erlebnis. Auch ich war damit eingetreten in das Zeitalter des Radios, das bald danach aus allen Wohnungen, Wirtschaften und Sälen dudelte.

Karlsruher Dekameron

Nach der Sage hat die Liebe schon bei der Gründung unserer guten Stadt Karlsruhe mitgewirkt: die neue Residenz soll nicht zuletzt deshalb entstanden sein, damit Markgraf Karl Wilhelm den Schloßturm bauen konnte – als Quartier für die nicht geringe Zahl von sicher hübschen Mädchen, die er in ihrer Freizeit Tulpen malen ließ.

Daß die Liebe eine Heimstatt fand in unserer Stadt, dafür sorgten schon die vielen Soldaten, die in den Kasernen zwischen Mühlburg und Durlach untergebracht waren, nicht nur zum Ergötzen ihrer Befehlshaber, sondern auch zu demjenigen der meist vom Lande stammenden, damals noch zahlreichen Dienstmädchen, aus welcher Liebe zum bunten Rock so manche Ehe und so mancher Karlsruher hervorgegangen ist.

Vor dem ersten Weltkrieg erzählte man sich, ein kleines Kind habe auf dem Arm der Mutter die Hände nach den von einer Übung durch die Kaiserstraße in ihre Kasernen ziehenden Soldaten ausgestreckt und gerufen: „Alle meine Papas!“ Sicher war sein Papa nur einer von den vielen Soldaten, die damals in unserer Stadt dienten – aber daß man sich diese Geschichte erzählte, beweist doch, daß die zarte Verbindung zwischen Uniform und Schürze auch in Karlsruhe zuhause war – zu einer Zeit, als die höheren Töchter noch mit einem Mozartzopf und einer Mappe mit der gestickten Aufschrift „Musik“ in ihre Klavierstunden gingen und, wenn nicht schon auf diesem Wege, so doch am frühen und erst recht am späten Abend ins Theater, zu Besuchen oder sonstwohin von einer „Anstandsdame“ begleitet wurden.

Die Liebe war in Karlsruhe bestimmt nicht anders als anderswo. Daß sie trotzdem ihre besondere Note haben konnte, sollen ein paar Geschichten dartun, die an ihrem Rande spielen und die einem einst an ihnen sich Ergötzenden in Erinnerung geblieben sind.

Der fürsorgliche Stationsvorsteher

Der Liebe wurde von den Karlsruhern nicht nur in ihrer Stadt, sondern auch in ihrer näheren und weiteren Umgebung gehuldigt.

Wir Oberschüler führten unsere Flammen in den Fasanengarten und in den Hardtwald, ein Händedruck und ein Kuß beglückten uns. Wir fuhren ins Albtal – mit dem Rad und mit dem Bähnle, wir und die älteren Liebespaare, die samstags und sonntags die Alb entlang wanderten, um abends wieder heimzufahren. Es ging die Sage, in Marxzell, Fischweiher und Etzenrot oder wo immer die Kleinbahn hielt, habe der Stationsvorsteher ein paar Minuten vor der Ankunft des ihm avisierten Zuges in den Wald hineingerufen: „Tummelt euch, 's Zügle kommt!"

Daß die Liebe auch strengen Vorschriften unterworfen sein konnte, erfuhr ein Freund von mir, der einmal eine Albtal-Schönheit kennenlernte. Als er sie bedrängte, wies sie ihn sanft, aber bestimmt ab mit der Begründung, sie sei noch nicht achtzehn. Sie vertröstete ihn auf den nächsten Monat, in dem sie dieses Alter erreichte und der Liebe nach den Gebräuchen ihres Dorfes nichts mehr im Wege stand.

Der D-Zug

Der D-Zug, von dem ich hier berichten will, ist längst ausrangiert. Er unterstand nicht der Deutschen Bundesbahn oder ihrer Vorgängerin, der Deutschen Reichsbahn. Er ist nie abgefahren und nie angekommen, denn er war gar kein Zug – sondern das Nebenzimmer des Gasthauses „Zum wilden Mann“ in der Kaiserstraße 45. Die alte Burg steht noch, es ist auch noch eine Gaststätte darin – aber den D-Zug gab es nur einmal, im ersten Drittel unseres Jahrhunderts. Als es ihn noch gab, war er eine Sehenswürdigkeit auf diesem Gebiet in unserer Stadt.

Der D-Zug diente nicht gerade sittlichen Zwecken. Er war, um es rundheraus zu sagen, ein Animier- und Amüsierlokal, das aber an Originalität nicht nur in unserer Stadt seinesgleichen suchte. Dieses Nebenzimmer des „Wilden Mannes“ war, daher sein Name, den Abteilen eines D-Zuges nachgebildet. In dem länglichen, schmalen Raum standen vier bis fünf ebenfalls schmale Tischchen mit Bänken an den Längsseiten, deren Lehnen derart in die Höhe strebten, daß sie die Besucher vor neugierigen Blicken schützten. Die Wand an der Gegenseite war so mit Schlössern, Burgen, Bergen, Wiesen und Flüssen bemalt, daß es von den Tischen her aussah, als blicke man durch die Fenster eines fahrenden Zuges auf die vorüberziehende Landschaft. Über jedem Abteil hing von der Decke herab eine dem Original täuschend nachgeahmte „Notbremse“. Zog man an deren Griff, stellte der Wirt automatisch eine Flasche Sekt auf das Servierbrettchen des kleinen Guckfensters, das den D-Zug mit dem Hauptgastraum verband und durch das auch sonst die Bestellungen aufgegeben und entgegengenommen wurden. Damit kein Neugieriger aus der gewöhnlicheren Wirtschaft die Diskretion des Nebengemachs störte, gab es zu diesem nur einen Zugang von der Straßenseite und einen Ausgang zum Hof und zu den „Toiletten“.

Am Tag verirrte sich selten ein Gast in den D-Zug; geschah es trotzdem, kam er meistens nicht allein. Solche Pärchen wurden weder vom Wirt noch von der Kellnerin gestört. Pärchen kamen natürlich auch am Abend – zu vorgeschrittener Stunde aber meist Herren jeglichen Alters und nicht gerade unteren Standes. Kamen sie allein, legten sie Wert darauf, daß ihnen die Bedienung Gesellschaft leistete – zuweilen wurde auch etwas mehr verlangt und gewährt, denn, wie gesagt, es war ja ein Animierlokal und der Bedienung daran gelegen, Umsatz zu machen. Verstand sie das nicht, taugte sie nicht für den „Wilden Mann" und sein Nebenzimmer. Aber auch sonst blieben die Bedienungen nie zu lange, denn die Herren wollten ja öfters ein neues Gesicht sehen. Die Mädchen waren immer sehr gut gekleidet, ich erinnere mich noch an das Knistern ihrer Seidenblüschen. Bildungsmäßig und im Benehmen waren sie den gewöhnlichen Kellnerinnen weit überlegen. Die Herren kamen nicht selten tatsächlich nur der Unterhaltung wegen, zudem manche von ihnen rezitieren, singen und Klavier spielen konnten: von ihnen, die meistens zuvor in Großstädten gewesen waren, habe ich manches Chanson gehört, das mir später in der Literatur begegnet ist.

Einen Nebenverdienst hatten die Mädchen dadurch, daß ihnen die Vertreter der Sektfirmen, die gewöhnlich einmal im Monat kamen und im D-Zug etwas springen ließen, für jeden gesammelten Korken ihrer Marke ein Fünferl oder ein Zehnerl gaben. Die in der Oststadt wohnenden Studenten stellten ein starkes Kontingent der ständigen D-Zug-Besucher. Da ein Lokal mit dieser Zweckbestimmung natürlich nicht „kommentmäßig" war, trugen sie Band und Mütze, sofern sie von ihren Verbindungshäusern kamen oder aus anderem Anlaß „in Couleur" waren, unter dem Mantel oder sonstwo versteckt.

Mit der Zeit verlor der D-Zug Stück um Stück von dem, was ihn so attraktiv und einmalig gemachte hatte. Die um das Dörfle herum besonders rührige Sittenpolizei, wie sie damals hieß, verbot als erstes die hohen Trennwände zwischen den Abteilen, die nach und nach auf das normale Maß von Banklehnen reduziert werden mußten. Einer weiteren Auflage zufolge mußte der D-Zug einen direkten Zugang zum Hauptgastraum erhalten, so daß seine Besucher nicht mehr so ungestört waren. Die „Notbremse" blieb zwar, doch es kam keine Flasche Sekt mehr, wenn man sie zog. Zum Schluß war der D-Zug das gewöhnliche Nebenzimmer einer gewöhnlichen Wirtschaft; das Publikum und der Geist, die ein solches Etablissement getragen hatten, waren verschwunden.

Das Modell

An einem Samstagvormittag, gegen 11 Uhr, zur Zeit des größten Andrangs in den Geschäften, war die gutgehende Metzgerei D. in der Lachnerstraße voll von Einkaufenden, fast lauter Frauen. Der nicht sehr geräumige Laden schwirrte und summte von den Gesprächen zwischen den Verkaufenden und ihren Kunden, die sich nicht nur auf die Einkaufsobjekte bezogen, sondern auch einen privaten Einschlag hatten, schließlich waren es ja fast nur Stammkunden, die sich ihren Sonntagsbraten und ihre Vesperwurst holten – aber auch von den Gesprächen der Wartenden untereinander. Die Ladengeschäfte, sowohl die Metzgerei als auch der Milchladen und das Kolonialwarengeschäft, waren damals noch die Umschlagsplätze für Nachrichten und Neuigkeiten aller Art – anders als heute, wo man in den nüchternen, unpersönlichen Groß- und Supermärkten mit den Einkaufswägelchen aneinander vorbeihastet, wo kaum noch Personal zu sehen ist und wo der menschliche Kontakt sich auf das Zahlen an der Kasse beschränkt.

Meister, Meisterin und das übrige Personal arbeiteten ohne Hast, aber rasch und geschickt. So war ein beständiges Kommen und Gehen im Laden, als sich ein nicht mehr ganz junger, aber auch noch nicht alter Mann hereinschob und sich langsam, aber zielstrebig an die Theke vorzuarbeiten begann. Das ging den schon länger Wartenden mit Recht gegen den Strich. Als der Eindringlich bis gegen die Mitte vorgestoßen war, sah er sich plötzlich gestoppt: die Frauen bedeuteten ihm er möge warten wie sie auch, er sei noch lange nicht dran.

Dem aufmerksamen Meister war der Zwischenfall nicht entgangen. Auf die gute Stimmung im Laden bedacht, fragte er den Neuankömmling besänftigend: „Hawwe Se's denn heut' so eilig, Herr L.?" – „Ja, ja, ich muß glei' wieder hoim", sagte dieser. „Ja, was isch denn dohoim los?" forschte der Meister weiter. Mit etwas weinerlicher Stimme kam die Antwort des Kunden: „Mei' Fraa will

Buweschpitzle mache un' ich muß Modell stehen!" Darauf lautes Gelächter im ganzen Laden: „ja, wenn des so isch", meinten die Frauen, „dann müsse m'r halt den Mann vorlasse" – und gaben ihm den Platz an der Theke frei.

Für den nicht sehr wahrscheinlichen Fall, daß dieses Büchlein auch Nichtkarlsruhern in die Hände kommt, sei bemerkt, daß „Buweschpitzle" die einheimische, etwas drastische, aber plastische Bezeichnung für ein schmackhaftes Gericht aus Kartoffeln und Mehl ist, das anderswo Schupfnudeln heißt.

Die Verlobung

Seine Bekanntschaften kann man sich nicht immer aussuchen, das Leben gibt sie so. Meine Mutter hatte eine Bekannte – sie hieß Johanna und hatte zwei Fehler, die sie aber keineswegs als solche empfand: sie sah die Männer gern und war Kleptomanin. Was letztere Eigenschaft betrifft, so profitierte ich davon. Wenn sie mich, was vorkam, in meinem Wägelchen ausführte, ging sie nicht selten mit mir durch das Warenhaus Knopf. Unversehens hatte ich dann eine Klapper, ein Bilderbuch oder sonst ein Spielzeug in der Hand, dessen Besitz mich unbeschadet seiner Herkunft erfreute, so daß ich das unredlich Erworbene fröhlich in der Luft schwenkte und vielleicht gerade dadurch den Diebstahl kaschierte. Was die Männer betrifft, so zog sie sie mit einem ironischen Lächeln an, das ihr zu mancher Bekanntschaft verhalf.

Johanna war schon längere Zeit mit einem Juden befreundet, einem großen, starken Mann mit roten Haaren – einem Viehhändler, der allgemein der Judde-Bär genannt wurde. Mit der Zeit drängte sie ihn zum Heiraten, denn man kam ja in die Jahre und sehnte sich nach einer dauernden Bindung. Als sie ihn soweit zu haben schien, bat sie meine Mutter, die bevorstehende Verlobung bei ihr feiern zu dürfen, was ihr nicht abgeschlagen wurde. Die beiden Frauen richteten auf einen Samstagnachmittag alles das hin, was zu einer Verlobung gehört. Zur festgesetzten Stunde erschien auch der Bräutigam, die Feier konnte beginnen. Man aß und trank und stieß auf die Verlobung an, die schließlich mit dem Anstecken der Ringe ihren Höhepunkt erreichen sollte. Der Judde-Bär druckste ein wenig herum, schließlich holte er ein Etui aus der Tasche – das aber nur einen Verlobungsring enthielt, nämlich den für die Braut. Da Johanna alles andere als schüchtern und zurückhaltend war, auch nicht gegenüber einem Trumm von Mann wie dem Judde-Bär, kann man sich denken, daß es zu einem handfesten Krach kam. Die Verlobung ist natürlich geplatzt.

Kunstfehler

Vor dem Krieg war der Kunstmaler H. in unserer Stadt ein beliebter Aktmaler.

Zum Aktmalen braucht man ein Modell, das sicher schon der Schöpfer der Venus von Milo benötigt hat – auf diese Weise wissen wir wenigstens noch, wie ein griechisches Bauern- oder Fischermädchen in der Mitte des zweiten Jahrhunderts v. Chr. ausgesehen hat. Auch unser Karlsruher H. malte nicht nach der Phantasie, sondern engagierte, wenn er einen weiblichen Akt malen wollte, ein Modell wenn sich ihm nicht etwa eine der jungen Damen seines Bekanntenkreises aus Begeisterung für die Kunst kostenlos zur Verfügung stellte.

Eines dieser Modelle lag denn auch eines Tages entkleidet auf dem Atelier-Diwan, um den allerhand Gewebtes und Metallisches so drapiert war, daß die Proportionen der jungen Dame und die Farbe ihres gesunden Körpers wirkungsvoll zur Geltung kamen.

Auch die Sitzung für einen Akt dauert nicht ewig, und als die Arbeit zu Ende geführt war, bedeutete H. seinem Modell, daß es sich wieder anziehen könne. Die junge Dame war über diese Aufforderung etwas erstaunt. Vermutlich hatte sie übertriebene Vorstellungen von einem Künsterleben. Vielleicht mochte sie auch etwas von Schwabing gehört haben und dem munteren Treiben, das es dort zwischen den Malern, ihren Modellen und Gönnern geben soll – kurz, sie beeilte sich gar nicht mit dem Anziehen, tat dies aber dann doch, nicht ohne mit einem Seitenblick auf den noch an seiner Staffelei beschäftigten Maler indigniert die Feststellung zu treffen: „Sie sinn‘ aa kein Kavalier!“

Bei d'r Stadt

Wenn unsere Mütter in der Oststadt, aber auch in anderen vom Zentrum entfernten Stadtteilen oder in den Vororten etwas in der city, wie man heute sagt, zu tun hatten, so sagten sie, sie gingen „in die Stadt". Ebenso urban hieß es von denen, die zu den zahlreichen Beschäftigten der Stadtverwaltung gehörten, sie seien „bei d'r Stadt". Gemeint waren damit vor allem die Schreiber, die Angehörigen der Verwaltung im unteren, mittleren und gehobenen Dienst, aber auch die vielen Arbeiter und Angestellten und selbst die Studierten, die in mannigfacher Position zusammenwirkten, daß auch in der Stadt Karlsruhe „der Karren lief".

Karlsruhe war vor dem Kriege als Beamtenstadt bekannt. Schuld daran waren nicht nur die Beamten, die der Stadt dienten, sondern auch deren Kollegen von den Ministerien des ehemaligen Landes Baden, die um den Schloßplatz herum hinter und über den Arkaden ihrer klassizistisch ebenmäßigen Amtsgebäude ihr nicht gerade aufregendes Leben verbrachten. Zu Großherzogs Zeiten kam auch noch die Hofhaltung der Residenzstadt hinzu, deren Bedienstete man ebenfalls, wenigstens ihrem Gehabe nach, zu den Beamten rechnete – aber auch eine nicht zu kleine Anzahl anderer Behörden und Stellen der ehemaligen Landeshauptstadt, die Schreiber beschäftigten und dazu beitrugen, den Ruf, um nicht zu sagen, den Verruf Karlsruhes als Beamtenstadt zu mehren.

Da die Beamten zweifellos den Ton angaben und in ihrer Lebensführung auch außerhalb des Dienstes selten über die Stränge schlugen, sondern sich eine ihnen angemessen dünkende Zurückhaltung auferlegten, ging es in Karlsruhe etwas steif zu, und manchmal haftete seinem repräsentativen Berufsstand auch ein gewisser Dünkel an – so jedenfalls schien es denen, die nur vorübergehend in unserer Stadt weilten oder von außerhalb zugezogen waren, und vielleicht auch manchen Karlsruhern selbst, denen ein beamtenhaft abgezirkeltes Leben wenig zusagte. Von rheinischer Fröhlichkeit war und ist freilich in unseren Straßen und Gaststuben selbst in der Zeit der „Fasnacht" wenig zu spüren. Dies schloß nicht aus, daß man auch hier – in der Festhalle und anderswo – recht ausgelassen sein konnte und die Karlsruher alles andere als prüde und Stubenhocker waren. Aber etwas Gedämpftes lag doch über dem Leben in unserer Stadt; man trieb es in ihr selten zu bunt, was schließlich auch sein Gutes hatte.

Heute ist Karlsruhe keine Beamtenstadt mehr. Unter dem Zwang der Verhältnisse hat es sich nach dem Kriege stärker zur Wirtschaft hin entwickelt und das Muffige der Residenz- und Landeshauptstadt überwunden. Aber selbst in der Zeit, als Karlsruhe noch mehr als heute eine Stadt der Schreiber war, ging es in den Amtsstuben nicht immer trocken und humorlos zu, wie ein paar Geschichten beweisen sollen, die einer, der auch „bei d'r Stadt" war, erlebt hat oder die ihm von Kollegen zugetragen wurden.

Ein unordentlicher Beruf

Der Verfasser will nicht verhehlen, daß er sein Brot damit verdient hat, die Interessen unehelicher Kinder wahrzunehmen.

Als ich der Mutter von drei solchen Kindern einmal bedeutete, daß sie es dabei bewenden lassen solle, fuhr sie mich an: „Was wollen Sie denn, davon leben Sie doch!" Wenn ich mich auch dieser Logik nicht entziehen konnte, bat ich meine Gesprächspartnerin doch, sich für mich nicht weiter zu bemühen – sie habe ja recht, aber vielleicht fände sich auch noch etwas anderes für mich. Mit einer anderen Mutter verhandelte ich einmal über die Höhe des Betrages, den ein Kind im Monat zum Leben brauche; die Meinungen darüber gingen nicht nur zwischen uns auseinander. Nach einigem Hin und Her wollte sie sich über meine Kompetenz auf diesem Gebiet vergewissern und fragte mich, ob ich denn überhaupt verheiratet sei und Kinder habe. Zum damaligen Zeitpunkt mußte ich beides verneinen, worauf sie, vom Thema abschweifend, mich verständnisvoll anlächelte und voller Mitgefühl meinte: „Des kann ich m'r denke, an dem Platz henn Se d' Nas voll."

Die Nase voll hatte ich tatsächlich öfters. Man saß bei dieser Tätigkeit immer zwischen zwei Stühlen, um nicht zu sagen, zwischen zwei Feuern: dem einen tat man zuviel, dem anderen zuwenig. Zur Illustration dieses Dilemmas lagen eines Tages gleichzeitig zwei Beschwerden auf meinem Schreibtisch: der Rechtsanwalt eines Vaters focht einen von uns veranlaßten Pfändungsbeschluß, der seinem Mandanten nach dessen Meinung zuwenig zum Leben ließ, an – während der Anwalt der Mutter uns vorwarf, wir seien zu lässig gegen den Vater, er müsse zuwenig zahlen. Ich habe dann beide Anwälte angerufen und ihnen vorgeschlagen, ihre Fehde in meinem Büro auszutragen. Dazu ist es aber nicht gekommen.

„Gasthaus zum Wilden Mann“, Kaiserstraße 45, 1904

Die Bescheinigung

Ein Studentlein aus Budapest hatte in den Dreißiger Jahren an der Hochschule unserer Stadt studiert. Ladislaus, wie der junge Mann mit Vornamen hieß, hatte aber in unserer Stadt nicht nur seinen Professoren gelauscht, sondern auch ein Verhältnis mit einer jungen Karlsruherin angefangen, das nicht ohne Folgen blieb.

Da Ladislaus sich nicht zur Vaterschaft bekannte, mußte er verklagt werden. Wir reichten daher eine Klage bei dem Gericht in der Heimat des mutmaßlichen Vaters ein, in die er noch vor der Geburt des Kindes zurückgekehrt war.

Eines Tages kam die Gegendarstellung des Beklagten. Er bestritt zwar nicht die Bekanntschaft mit der Mutter des Kindes – was er aber ableugnete, waren Intimitäten derart, daß sie hätten zur Empfängnis führen können. Seine Begründung war so einfach wie verblüffend: er habe sich mit seiner Freundin immer nur auf dem Schloßplatz getroffen, der sei aber mitten in der Stadt gelegen, von Besuchern und Passanten durchquert – kurzum, es sei unmöglich gewesen, da, in aller Öffentlichkeit, näheren Umgang zu pflegen.

Das Gericht hatte gleich einen Beschluß des Inhalts angefügt, die klagende Partei möge das Gutachten einer polizeilichen Stelle vorlegen, das sich mit dem Einwand des Beklagten auseinandersetze. Dem Gericht war zugute zu halten, daß es mit den Örtlichkeiten von Karlsruhe nicht vertraut zu sein brauchte und daß ihm daher der Einwand des Beklagten nicht von vornherein indiskutabel erschien.

Nicht gerade glücklich über diesen Auftrag machte ich mich auf den Weg ins Polizeipräsidium. Dort fühlte sich keiner so recht zuständig, man reichte mich von Tür zu Tür, bis ich schließlich beim Sekretär des Polizeipräsidenten landete, der mir aber auch nicht helfen konnte, sondern seinen Chef selbst bemühte. Dem trug ich wie zuvor in allen anderen Zimmern mein Anliegen vor, um auch hier nur ein unwilliges Kopfschütteln zu ernten. Der Polizeipräsident meinte zuletzt, er könne doch so etwas nicht bescheinigen, da sei doch die ganze Stadt blamiert, nein, mein Lieber, das kann man von mir nicht verlangen.

Da es aber um die Vaterschaft zu einem Kind und um dessen Unterhalt ging, konnte ich nicht resignieren, sondern setzte ihm auseinander, daß es doch einen Weg geben müsse, dem Kind zu helfen; schließlich sei das doch nur eine Sache der Formulierung. Und dann setzten wir uns hin, ich selbst mich an die Schreibmaschine – und konnten uns in der Lage des Auswärtigen Amtes fühlen, das eine äußerst diffizile Note abzufassen hat. Wir gaben zwar zu, daß der Schloßplatz mitten in der Stadt liege, daß er aber fast in seiner ganzen Ausdehnung von Büschen und Bäumen bestanden sei, bei denen sich Bänke befänden. Wir gaben weiter zu, daß der Platz zwar tagsüber mehr oder minder stark besucht sei, daß er sich aber in den Abendstunden leere und auch die da und dort angebrachte Beleuchtung nicht hindere, daß es Ecken und Nischen gäbe, die einem intimen Umgang nicht im Wege stünden. So oder ähnlich drückte sich unsere Gemeinschaftsarbeit aus, die zuletzt zwar nicht die Unterschrift des Polizeipräsidenten, aber doch die eines höheren Polizeioffiziers erhielt und gesiegelt wurde. So ging nach mancherlei Kopfzerbrechen eine der merkwürdigsten Bescheinigungen, die in unserer Stadt je ausgestellt wurden, in das ferne Ungarn ab.

Die Rache

„Wer Vater und Mutter nicht ehrt, kommt zum Gaswerk“ hieß es zu meiner Zeit bei der Stadtverwaltung. Daß die Versetzung dorthin bei den städtischen Bediensteten gefürchtet war, lag an der Person des bärtigen und barbeißigen Verwaltungsdirektors H., von dem es hieß, er habe noch am Tage seiner Zurruhesetzung auf dem Hof des Verwaltungsgebäudes in der Lessingstraße herumgebrüllt: „Ich bin immer noch da!“

Daß ein so temperamentvoller Mann nicht nur mit seinen Untergebenen zusammenstieß, sondern auch außerhalb seines engeren Wirkungskreises Schwierigkeiten hatte, ist nicht verwunderlich. Er hatte sie mit einem nicht minder temperamentvollen und einflußreichen Kollegen, dem Direktor L., dem Leiter der Hauptverwaltung und des Verkehrsamts, die damals noch in einer Hand lagen. Nun ereignete es sich auch sonst, daß es zwischen diesem und den Leitern der Außenämter zu Spannungen kam, denn er hatte deren nicht immer bescheidene Personal- und Sachwünsche zu koordinieren und an ihren Forderungen Abstriche zu machen, wenn die Verwaltung nicht aus den Nähten platzen sollte. Auf diese oder andere Weise mag es zu Differenzen zwischen den beiden Herren gekommen sein, die sich gelegentlich auch zuspitzten und ins Persönliche abglitten. Kurz und gut, eines Tages ereignete es sich, daß Direktor H. bei einem Rathausgang die Tür zum Zimmer seines Kollegen L. aufriß und zu diesem hineinschrie: „Sie können mich . . . “, wobei er seinem Gegner den hier durch Pünktchen ersetzten Teil des Zitats keineswegs ersparte.

Nun, die beiden Herren werden sich wieder vertragen haben – je heftiger die Temperamentsausbrüche, desto häufiger der Stimmungswechsel. Daß aber selbst nach Jahren nicht alles vergessen war, erfuhr ich von einer Nachwuchskraft, die um diese Zeit bei der Hauptverwaltung Dienst tat. Jeder Beamte erhielt damals bei der Verabschiedung eine Radierung „Der Marktplatz“ von Ferdinand Dörr und zwar je nach seinem Rang ein größeres oder ein kleineres Format.

Dem Verwaltungschef der Städtischen Werke hätte natürlich die „große“ Radierung zugestanden, so wenigstens dachte der die Entlassung vorbereitende Kollege St. – nicht jedoch sein Vorgesetzter, der statt der großen die kleine Radierung verfügte und sich damit noch nach Jahren für die – doch nicht vergessene – Aufforderung rächte.

Der Platzhalter

Als der Beamtenanwärte K. in der Hauptkanzlei des Rathauses ausgebildet wurde, klemmte man ihm fast täglich ein umfangreiches Aktenbündel unter den Arm, damit er es dem Bürgermeister Heinrich S. zur Unterschrift vorlege. Dies tat er denn auch, wobei sich seine Tätigkeit darauf beschränken konnte, die unterschriftsreifen Papiere auf den Schreibtisch des hohen Herrn zu legen und dafür die bereits unterfertigten Akten und Schriftstücke mitzunehmen. Dabei zeigten weder der Bürgermeister noch die junge Nachwuchskraft Eifer, miteinander ins Gespräch zu kommen. Der Austausch der Akten vollzog sich vielmehr in aller Kürze, und es war nicht anzunehmen, daß dies je einmal anders sein sollte.

Als K. eines Tages wieder einmal seinen Pack Akten auf dem Tisch des Bürgermeisters abgeladen hatte und gerade nach den erledigten Unterlagen greifen wollte, befahl ihm der Bürgermeister plötzlich und gegen jede Erwartung, sich auf den Sessel neben seinem Schreibtisch zu setzen. K. tat dies, worauf der Bürgermeister aus seiner Jackentasche ein ledernes Etui hervorholte, ihm zwei Zigarren entnahm und eine davon seinem jungen Untergebenen in die Hand drückte. Nachdem er die seine angezündet hatte, reichte er das Streichholz an K. weiter, damit auch dieser seine Zigarre in Brand setze. K. steckte damals noch in den Anfängen des Rauchens und paffte daher etwas krampfhaft den bläulichen Rauch in die Luft, während der Bürgermeister als geübter Raucher genüßlich an seiner Zigarre zog und sich über seine Akten hermachte. Bevor er mit deren Studium begann, fühlte er sich aber doch bemüßigt, seinem jungen Beamten eine Erklärung zu geben. Die war kurz und bündig: „Solang Sie do hocke, kommt m'r kei' annerer rei'."

Die Beisetzung

Im kleineren Kreis hat uns einmal der Amtmann Emil R., in der Südstadt beheimatet, deren Bürgervereins-Vorsitzender er war und auch sonst kein Kind von Traurigkeit, die Geschichte erzählt, wie er seinen Großvater im Rhein beigesetzt hat.

Obwohl er fast sein ganzes Leben noch im vergangenen Jahrhundert zugebracht hatte, muß dieser Großvater nach des Enkels Schilderungen ein großer Sportsmann gewesen sein. Er war Schwimmer – winters im Vierordtbad, in den übrigen Jahrszeiten, wann immer es die Witterung erlaubte, im offenen Rhein; Rappenwört war zu seiner Zeit noch nicht erbaut.

Das Schwimmen wurde dem Großvater so zur zweiten Natur, daß er auch noch im Tod mit dem Wasser vereint sein wollte. Er war schon recht betagt, als er diesen herannahen fühlte, seinen damals fünfzehnjährigen Enkel Emil zu sich rief und ihm gegen ein Goldstück, das er ihm sogleich aushändigte, das Versprechen abnahm, nach der von ihm bereits angeordneten Verbrennung seines Leichnams sich die Asche geben zu lassen und diese in den Rhein zu schütten. Nicht lange danach ist der Großvater tatsächlich gestorben.

Die Leiche wurde wie angeordnet verbrannt und die Asche in einer Urne den Angehörigen ausgeliefert. Tags darauf setzte sich Emil R. auf sein Rad, nahm die Urne unter den Arm und fuhr mit ihr zur Rheinbrücke bei Maxau, der alten, versteht sich. In deren Mitte angekommen, öffnete er die Urne, neigte sie langsam nach unten und ließ die Asche in den Rhein fallen, in dem sich der Großvater so oft getummelt hatte. Als die Asche aus der Urne in den ruhig dahinfließenden Strom hinabrieselte, schickte er eingedenk der Freude, die diese körperliche Betätigung dem Verstorbenen zeitlebens bereitet hatte, die Aufforderung nach: „Großvadder, schwimm!“

Geschichten aus Durlach

Eine Sammlung von Geschichten aus Karlsruhe, und wäre sie noch so bescheiden, wäre unvollständig, wenn sie nicht auch solche aus Durlach enthielte.

Älter als Karlsruhe und in dem Gefühl, die „Mutter“ einer viel jüngeren „Tochter“ zu sein, hat es sich bis heute seine Eigenart bewahrt. In seinen Gassen, Winkeln und Kneipen scheint die Zeit zwar nicht stillgestanden, aber doch weniger rasch vorwärts geschritten zu sein als im größeren Karlsruhe. Der genius loci macht es auch heute noch glaubhaft, daß Ludwig Eichrodt, der seiner gemächlicheren Zeit den Namen Biedermeier gegeben hat, ein Durlacher Bürger war.

Altgeworden sagte mir einmal mein früherer Direktor August B., er gehe gar nicht mehr gern nach Karlsruhe, es sei ihm da zu hastig. Sicher wären die Durlacher schon damals gern unter sich geblieben, als sie 1938 von Karlsruhe eingemeindet wurden – der Gauleiter Robert Wagner mußte selbst nach Durlach, um die aufgeregten Turmbergler zu beruhigen. Einem streitbaren Durlacher habe ich aber einmal gesagt: wenn im „Dritten Reich“ nichts Schlimmeres passiert wäre als die Eingemeindung Durlachs zu Karlsruhe, könnten wir froh sein.

Und nun zu den Geschichten aus Durlach.

Einarbeitung

Ein Beamter, zur Rede gestellt, weil er sich während der Dienstzeit die Haare hatte schneiden lassen, verteidigte sich mit dem Argument: sie wachsen ja auch während des Dienstes. Aber nicht nur die Haare wachsen, auch Hunger und Durst stellen sich als unabweisbare Bedürfnisse ein und wollen gestillt werden.

Bis zur Einführung der durchgehenden Arbeitszeit wurde das Mittagessen zuhause eingenommen – „gevespert" wurde aber am Arbeitsplatz, da es früher noch keine Kantinen gab oder solche nur in Betrieben, in denen Arbeiter beschäftigt waren. Beamte und Angestellte versperten dagegen, indem sie eine Schublade ihres Schreibtisches herauszogen und ihr Vesperbrot hineinlegten. Wer nicht gerade mit Publikumsverkehr rechnen mußte, breitete gar eine Serviette auf seinem Schreibtisch aus, legte seine kleine Zwischenmahlzeit drauf und ließ es sich schmekken.

Dies tat denn eines Tages auch der junge Beamtenanwärter Heinrich R., mein späterer Kollege, nachdem er bei der Verwaltung seiner Heimatstadt Durlach angefangen hatte. Als er sich dieser Beschäftigung in dem Zimmer, in dem er gerade allein war, hingab, öffnete sich die Tür und hereintrat – nicht irgendwer, nicht irgendein Vorgesetzter, denn für einen Anfänger gab es nur Vorgesetzte, sondern der Herr Bürgermeister selbst, der aus einem nicht mehr zu eruierenden Grunde gerade diese Tür öffnete und dabei auf ein fremdes Gesicht stieß. Noch mit vollen Backen kauend erhob sich R. und stammelte auf den fragenden Blick dieses höchsten Vorgesetzten seinen Namen, worauf dieser das Gespräch mit der Frage einleitete, wie lange er schon im Dienst sei. Die junge Nachwuchskraft mußte bekennen, daß dies erst acht Tage her sei. Darauf der Bürgermeister mit einem Blick auf das auf einem Pergamentpapier fein säuberlich ausgelegte Vesperbrot: „Da haben Sie sich aber bei uns schon ganz gut eingearbeitet."

D'r Karle

Zwischen den Kriegen lebte in Durlach einer jener geistig Zurückgebliebenen, von denen man nicht weiß, ob man sie bloß bedauern oder gelegentlich nicht auch ein wenig beneiden soll, weil ihnen die Schwere des Daseins erspart bleibt und ihnen keine harten Entscheidungen abverlangt werden. Der Karle, wie er hieß, lebte von der Gnade seiner Verwandten und der Fürsorge, trieb sich auf den Gassen und Plätzen seiner Heimatstadt herum, lächelte die Passanten an, bettelte wohl auch zuweilen oder nahm zum mindesten das, was mildtätige Durlacher ihm für ein Bier oder ein Eis gaben. Weil er ein harmloser Stadtstreuner war, duldete man den Karle und ihm war es recht, denn seinem schwachen Geist genügten die Anregungen und Abwechslungen, die das Durlacher Straßenleben bot.

Als aber seine „Bezugsperson", wie man das heute im schrecklichen Amts- und Fachsprachen-Deutsch nennen würde, weggestorben war, wollte ihn die Fürsorge unterbringen. Man durfte ihr sogar glauben, wenn sie der Meinung war, dem Karle damit etwas Gutes zu tun. Man ließ ihn holen und schlug ihm vor, ihn auf die Hub zu bringen. Den Landsleuten brauchte man damals nicht zu erklären, was „die Hub" war – drohte doch eine stehende Redensart einem, den man los sein wollte: „Du kommsch uf d'Hub!" Die Hub bei Ottersweier war eine der drei Kreispflegeanstalten des ehemaligen Landes Baden, in die man die Alten, Gebrechlichen, Geistesschwachen und Pflegebedürftigen einwies. Versorgt waren sie dort, aber auch dem Leben entrückt, das selbst einer Kreatur wie dem Karle in der Ungebundenheit seines Umherstreunens in den Durlacher Gassen noch lebenswert erschien.

Der Karle widersetzte sich mehreren Versuchen einer Unterbringung auf der Hub, mit der er hätte einverstanden sein müssen. Zu seiner Entmündigung und zur Zwangseinweisung wollte man es nur im Notfall kommen lassen, zumal der Karle ein Grenzfall war und man nicht wußte, wie Psychiater und Richter entscheiden würden.

Als aber der Karle zu verwahrlosen begann, versuchte man es wieder, ihm gut zuzureden. Dieses mißlang. Da sagte sich Bürgermeister R., ein jovialer Mann, der mit beiden Beinen fest auf der Erde stand, er müsse es doch einmal selber versuchen, dem Karle die Hub schmackhaft zu machen. Als er wieder einmal um das Rathaus strich, brachte man ihn in das Zimmer des Bürgermeisters, wo ihm dieser die Vorzüge der Hub in den rosigsten Farben malte, daß er dort sein eigenes Bett habe, das er nicht einmal selber zu machen brauche, seinen Kaffee, sein Mittagessen, seine Wäsche, seine Pflege – kurz, er stellte ihm die Hub so dar, als ob sie der Himmel auf der Erde wäre.

Der Karle hörte geduldig zu, lächelte den Bürgermeister etwas blöde an, ohne etwas zu den Lobpreisungen einer badischen Kreispflegeanstalt zu sagen. Einmal, als der Bürgermeister gerade eine Pause machte, tat er doch den Mund auf zu der Frage:

„Wenn's dort so schee isch, Bürgermeischter, warum gehsch dann net selber hi?"

Zeitungslektüre

Mein Kollege und späterer Direktor Friedrich Mayer dürfte nur noch wenigen Karlsruhern bekannt sein und auch diesen wohl eher unter dem Pseudonym Eustachius Dintemüller, unter dem er in verschiedenen Zeitungen unserer Stadt seine Beiträge in Karlsruher Mundart veröffentlichte. Als er sich Mitte der Fünfziger Jahre in der Feier zu seiner Zurruhesetzung von seinen Vorgesetzten und Mitarbeitern verabschiedete, schloß er seine Ansprache mit der Bitte: „Behaltet mich alle in guter Erinnerung – vor allem die Stadtkasse!"

Es gibt aber noch eine Stelle, deren Aufgabe es ist, diese Erinnerung wachzuhalten, nämlich die Versorgungsabteilung des Städtischen Personalamtes, welche die Angelegenheiten der zur Ruhe gesetzten städtischen Arbeiter, Angestellten und Beamten bearbeitet.

Bei dieser Stelle – so erzählte mein Freund K. neulich im „Goldenen Kreuz" – habe er dieser Tage zu tun gehabt. Er sei recht früh dort gewesen. Bis das Papierchen, um das er gekommen sei, ausgefertigt wurde, habe er sich auf einen freien Arbeitsplatz gesetzt – gegenüber einem jüngeren Kollegen, der die „Badischen Neuesten Nachrichten" gelesen habe. Darüber sei er nicht verwundert gewesen: es komme wohl auch anderswo vor, daß sich einer vor Beginn seiner Tagesarbeit aus den Schlagzeilen seines einheimischen Blattes einen Überblick darüber verschaffen will, was tags zuvor in der engeren und weiteren Umwelt geschehen ist.

Der junge Beamte habe aber nach einiger Zeit aufgeblickt und ihm erklärt, er lese die Zeitung nicht privat, sondern dienstlich: er informiere sich aus den Todesanzeigen darüber, welche Pensionäre der Stadt gestorben seien, damit er und seine Kollegen von der Dienststelle das Nötige veranlassen könnten: die Bezüge einstellen, die Witwen- und Waisenversorgungen ausrechnen und was sich sonst noch aus diesem Anlaß an bürokratischer Bewältigung ergebe; diese Lektüre sei seine tägliche Morgenarbeit.

Mein Freund schloß seinen Bericht, er sei, nachdem er sein Papierchen erhalten habe, doch etwas beklommen von dieser Dienststelle weggegangen. Er wisse ja, daß er sterblich sei – aber so am frühen Morgen mit der Nase drauf gestoßen zu werden, das habe ihn doch etwas betroffen gemacht.

Anschließend tranken wir einen darauf, daß es noch ein Weilchen dauern möge, bis der junge Kollege bei seiner makabren Zeitungslektüre auch auf unsere Namen stößt.